rororo

ro
ro
ro

Friedrich Christian Delius

Warum Luther die Reformation versemmelt hat

Eine Streitschrift

Rowohlt Taschenbuch Verlag

Originalausgabe
Veröffentlicht im Rowohlt Taschenbuch Verlag,
Reinbek bei Hamburg, März 2017

Umschlaggestaltung Frank Ortmann
Umschlagabbildung Exkalibur / Getty Images
Satz aus der Diogenes, InDesign,
bei Pinkuin Satz und Datentechnik, Berlin
Druck und Bindung
CPI books GmbH, Leck, Germany
ISBN 978 3 499 61054 7

Lockern Sie sich, Herr Doktor

Lachen Sie mal wieder, Herr Luther, sagte ich zu der Gestalt auf dem Sockel, lockern Sie einfach die Kiefermuskeln, versuchen Sie's! Da hat sich eine Menge Ernst in Ihren Gesichtszügen gesammelt in den Jahrhunderten, so viel wuchtige Entschlossenheit, so viel demonstrative Standhaftigkeit, so viel Unnahbarkeit, dass wir, die Zeitgenossen des Jahres 2017, die Sie lieber lebendig als erstarrt sehen, nur ganz zivil empfehlen können: Rührt Euch, Herr Doktor! Auch eine Geschichtsbuchfigur wie Sie braucht mal eine kleine Abwechslung, ein paar Lockerungsübungen, ein kurzes Durchschütteln, bevor Sie für die nächsten fünfhundert Jahre wieder in Ihrem eigenen Standbild zu Stein oder Bronze werden. Sie sind kein Heiliger, also zieren Sie sich nicht, so unnahbar sind Sie doch gar nicht. Lockern Sie bitte ganz behutsam die Kiefermuskeln, lächeln Sie, ja, sehr schön, der rechte Mundwinkel zuckt schon, die Augen erwachen und blinzeln aus der Tiefe, weiter so, drehen Sie vorsichtig den Kopf, langsam, sehr gut. Bewegen Sie die Stirnfalten, die Finger, Hände, die Arme, die Beine, offenbar funktionieren auch die Ohren noch bestens, lächeln Sie, und jetzt steigen Sie bitte vorsichtig runter vom Sockel. Warten Sie, ich helfe Ihnen, setzen Sie sich her zu mir. Ich will Ihnen was erzählen, Sie müssen gar nichts sagen, wenn Sie nicht wollen, ich werde Sie nicht fragen, was Sie so gefühlt haben eben beim Steigen vom Sockel oder damals, als Sie den Hammer in der Hand hielten beim Anschlagen der 95 Thesen in Wittenberg, oder was Sie in Worms wirklich gesagt haben, ich werde Sie weder mit Karl V. noch mit der heutigen Weltlage belästigen. Ich würde Sie, wenn möglich, nur gern auf einen winzigen und doch hochheiklen Punkt aufmerksam machen, Herr Luther, über den seltsamerweise niemand spricht, etwas, was Ihr Werk betrifft oder eine Lücke in diesem Werk. Eine Frage, nur kurz, ein halbes Stündchen oder so lange Sie wollen.

Brauchen Sie erst mal was zu trinken, zum Wachwerden, damit das Gehirn wieder anspringt nach so langem Denkmalschlaf, nach dem ewigen Dämmern im kalten Bronzekopf? Für die kurze Unterbrechung Ihres Ruhestandes, zu der ich Sie nötige und einlade, rate ich Ihnen, ein Bier zu heben, einen guten Humpen Bier zur Belebung, Beruhigung oder seligen Erinnerung, ganz wie Sie wollen. Denn alles, wirklich alles hat sich verändert seit Ihrer Lebenszeit, seit fünfhundert Jahren, der Mensch, die Kirche, die Geschichte, die Moral, die Bräuche, alles, wirklich alles, nur das Bier nicht. Nur das Bier ist so rein geblieben wie zu Ihrer Zeit, als in Ingolstadt das dauerhafte Reinheitsgebot gegen die Panscherei beim Bierbrauen verfügt wurde im Jahr 1516, genau ein Jahr bevor Sie in Wittenberg mit Ihren Thesen das theologische Reinheitsgebot gegen die Panscherei mit dem Ablass verfügt haben. Das reine Bier und die reine Lehre und der reine Glaube feiern zusammen Jubiläum. Ein halbes Jahrtausend Reinheit in der sonst so dreckigen, bösen Welt ... Also ein Bier, ordentlich gezapft, das dauert einen Moment.

Sie lächeln skeptisch, mit Recht, Sie ahnen, Sie wissen ja, was Ihnen blüht in diesem landauf, landab gefeierten Lutherjahr. Da werden Sie von allen Seiten mit Phrasen bombardiert, mit Reden zugeschüttet, mit Feiern umheiligt. Keine Sorge, ich bin keiner der hunderttausend Lutheranbeter und Lobredner, die derzeit an allen Lutherorten und in allen Lutherstädten, vor Lutherdenkmälern und Luthereichen mit mehr oder weniger frommen, säuselnden, sanftprotestantischen Sätzen sich über Sie und Ihre Taten und Ihre Aktualität auslassen und brüchige Brücken schlagen von 1517 bis 2017. Ich bin auch keiner der vielen Lutherspezialisten, die mit immer dickeren Büchern immer dünnere, angeblich neue Details aus Ihrem Leben und Wirken zum Besten geben, ohne auch nur einen Funken Ihrer Sprachkraft und Sprachwut und Sprachlust zu bieten. Nein, Sie werden von mir nicht zum tausendsten Mal gewürdigt als wichtigster Reformator aller Zeiten, als Papstgegner, mutiger Rebell, der sich auf sein Gewissen und sein Ich berief, als tüchtiger Ketzer, trefflicher Übersetzer und Begründer des evangelischen Glaubens, als ungewollter Retter des Katholizismus, und was der glorreichen Luther-Effekte mehr sind, alles richtig, aber eben schon tausendmal gesagt und hunderttausendmal wiederholt.

Ich werde Ihnen auch nicht mit dem Gegenteil kommen und statt der Lutherlobrednerei die allbekannten Lutherverdammungsurteile auspacken, ich werde Ihnen nicht vorhalten, wie stur und gnadenlos Sie gegenüber Ihren Mitreformatoren gewesen sind, wie verbrecherisch gegenüber den Bauern, wie widerlich gegenüber den Juden, wie opportunistisch gegenüber den Fürsten, wie töricht gegenüber Erasmus. Alles richtig, an diesen Ihren schwersten Vergehen gibt es nichts zu beschönigen, das ist mit Recht schon zehntausendmal vorgebracht worden, darüber muss ich nicht auch noch meinen Abscheu ausgießen.

Die 96. These von Wittenberg

Prosit, so viel Latein kann ich noch, wohl bekomme Ihnen das Bier! Na, das schmeckt Ihnen wirklich, so selig lächelnd sieht man Sie selten. Und nun hab ich mich lange genug eingeschmeichelt bei Ihnen, darf ich anfangen? Der Grund, Sie vom Sockel zu locken, ist nur eine Frage, die leise, die vorsichtige, die sehr diskrete Frage, ob Sie vielleicht ahnen, welches der größte Fehler Ihres Lebens oder, um in Ihrer Sprache zu sprechen, die größte Sünde Ihres Lebens gewesen sein könnte.

Nein, ich bin kein Beichtvater, habe keinen theologischen Rang, aber Sie können sich ruhig einem neutralen Mann, einem protestantisch gebildeten Ketzer anvertrauen. Da wir nun einmal, wie es der Zufall oder meine Absicht will, beisammensitzen bei einem ehrlichen Bier, sollten wir die Gelegenheit eines Tischgesprächs nutzen, mit ein paar ehrlichen Worten, wie sie älteren Menschen anstehen, die keine Meinungsrücksicht mehr nehmen müssen auf nichts und niemanden und erst recht nicht auf die Empfindlichkeiten der Meinungshüter in Staat oder Kirche. Ich stelle mir vor, nein, ich bin sicher, dass Sie in fast fünfhundert Denkmaljahren ab und zu gegrübelt haben über Ihr Leben und die halb gelungene Reformation und dabei irgendwann auf den Trichter gekommen sind, was die größte Sünde, wie Sie sagen würden, was der größte Fehler, wie ich sagen würde, oder die größte Unterlassung, wie man objektiv sagen müsste, Ihres Lebens gewesen sein könnte oder gewesen ist. Sie haben doch seit Ihrer Jugend bis zum Ende sich ständig Ihrer eigenen oder angeblichen Sünden angeklagt, was war denn nun die ärgste von allen?

Sie wollen nicht rausrücken mit der Sprache? Nutzen Sie Ihre Chance, endlich mal was Neues zu Luther und dann noch von Luther persönlich. Na, ich seh schon, Sie lassen sich nicht provozieren, Sie wollen andere Spielregeln. So langsam versteh ich, Sie sind Tischgespräche gewohnt, Sie möchten ein Tischgespräch führen auf gute luthersche Art, die Tischrede, bei der einer redet, und die anderen hören zu und schreiben mit, und Sie als kluger Mann ziehen es im Jahr 2017 vor zu schweigen. Nun, dann rede jetzt erst einmal ich, und Sie hören zu, solange Sie mögen, oder fallen mir ins Wort nach Belieben. Bitte, nur zu! Und ich erlaube mir, in diesem kleinen Maschinchen alles festzuhalten, was wir sagen und nicht sagen. Und wenn Sie das Wort ergreifen wollen, nur zu! Zum Wohle!

Ihre größte Sünde, um es mal zuzuspitzen, Sie haben ja auch immer gern zugespitzt, ist meiner Ansicht nach, dass Sie sich immer als Sünder und alle Menschen grundsätzlich als Sünder gesehen und den Begriff der Sünde und Erbsünde nie in Frage gestellt und deswegen Ihre ganze schöne Reformation versemmelt haben, wie man sagen müsste, wenn man dem Volk aufs Maul schaut heutzutage, meinetwegen auch vergeigt oder verkorkst. Was Sie alles reformiert haben oder reformieren wollten, ist bekannt, aber kaum jemand, ich vermute, nicht einmal Sie selber, hat darüber nachgedacht, dass Sie immer ein kreuzbraver Augustiner gewesen und geblieben sind. Wahrscheinlich hat der Kirchenvater Sie verführt mit der ungewöhnlichen Offenheit und subjektiven Ehrlichkeit der «Bekenntnisse», mit den Verlockungen des «Gottesstaates», mit seiner herrischen, streitlustigen, dogmatischen Art und nicht zuletzt mit den Vorteilen seiner Unterwerfungstheologie.

Ein unkritischer Nachbeter des alten Augustinus, wenn ich das sagen darf, bis hin zur irrwitzigsten seiner Theorien, der Erfindung der Erbsünde. Auch die haben Sie geschluckt, haben sich gern in Sündengefühlen und Sündenbegriffen gesuhlt, genüsslich die Abscheu vor Teufel und Hölle ausgemalt. Jedes menschliche Handeln war und ist auch für Sie mit Sünden behaftet, und Sie haben diese Theorie noch verschärft, weil sie Ihnen offenbar unverzichtbar war, weil sie gebraucht wurde als Baustein für Ihre Rechtfertigungs- und Gnadentheorie.

Echte, also informierte, kritische Protestanten, selbst wenn sie nur halb so protestfreudig sind, wie Sie einst waren, könnten Ihnen vorhalten, mit Ihrer unkritischen Haltung zu Augustinus und seiner Erbsünde auf halbem Weg des Reformierens stehen geblieben zu sein. Ja, es gäbe für gewissenhafte

Reformatoren, die nicht alles auf Adam und Eva schieben wollen, noch viel zu tun. Also, wundern Sie sich nicht, wenn man Ihnen morgen die Nachricht bringt, an der Schlosskirche in Wittenberg sei eine 96. These zu lesen: Weil Luther von seinem Augustinus nicht loskam, hat er die Reformation vergeigt.

Versemmelt, vergeigt, Entschuldigung, wenn ich ein wenig luthersche Deutlichkeit übe, ich klotze, weil wir nicht viel Zeit haben, und ein bisschen Provokation macht einem Kerl wie Ihnen doch nichts aus. Nehmen Sie noch einen Schluck, bevor ich Ihnen weiter den schönen Nachmittag, den kleinen Urlaub vom öden Denkmalsdasein mit solchen komplexen und doch so simplen Streitfragen und mit zum Widerspruch reizenden Vorwürfen versüße. Es ist gut, dass wenigstens Sie den Widerspruch lieben im Gegensatz zu den heutigen Theologen, die sich gern vor der Frage drücken, was denn nun nach welchen von wem bestimmten Maßstäben Sünde sei und was nicht. Und die sich noch mehr hüten, das wacklige, morsch gewordene Fundament der Erbsünde auch nur anzurühren, auf dem das kirchlich vorgegebene Christentum gebaut ist, jedenfalls das katholische und das evangelische. Katholiken lassen auf ihren heiligen Augustinus, der uns die Erbsünde eingebrockt hat, nichts kommen, aber deren Zweifelsangst vor morschen Dogmen und deren Feigheit vor kernigen Fragen der Kirchengeschichte sind wir ja leider gewohnt.

Die Feigheit der Protestanten beim Thema Sünde und Erbsünde scheint mir viel spannender - oder viel lustiger. Sie kommt daher, behaupte ich mal, dass Sie, Herr Luther, als junger Augustiner und alter Augustiner auch noch so ein verdammt treuer Augustiner geblieben sind. Auch Ihretwegen geistert diese angeblich seit Adam und Eva gültige Ursünde als größtes christliches Tabu durch die Köpfe. Nur wenige Theologen riskieren zu sagen, dass Jesus, wenn wir den Evangelien trauen wollen, nie vom Sündenfall Adams und Evas gesprochen hat. Nur wenige wagen sich an das Faktum, dass auch die Evangelisten ohne Sündenterminologie auskommen und erst Paulus das große Sündenbesteck auspackt und den alten Adam beschwört. Und noch weniger Leute pirschen sich an den ach so gelehrten und bedeutenden Augustinus heran und nehmen die Fakten bei der Erfindung und der staatlich-päpstlichen Durchsetzung der sogenannten Erbsünde genauer ins Visier. Nur ganz wenige zeigen Mut und weisen nach, wie der ehrenwerte Kirchenvater nicht nur genial geschummelt, sondern seine Theorie mit Betrug und Bestechung durchgepaukt hat, bis seine Irrlehre zum Dogma und alle anderen Lehren zu diesem Thema zu Irrlehren erklärt wurden.

Sie lachen, Herr Luther, das freut mich, aber die besten Witze kommen ja noch. Wenn der berühmte Kirchenvater philologisch sauber gearbeitet hätte und wenn er ein redlicher Mann gewesen wäre, hätte die Geschichte des christlichen Abendlands vom Jahr 418 an einen ziemlich anderen Verlauf genommen, so völlig anders, die Seelen, die Menschen, die Konflikte, die Geschichte, dass sich das niemand ausmalen kann. Sie zucken, da werden Sie schon etwas neugierig, Sie nicken, das wollen Sie nun doch etwas genauer wissen, gut so, nutzen wir unser glückliches Treffen. Ja, da sitzt tatsächlich einer mit Ihnen am Tisch vor einem munteren Bier, der behauptet, Sie, der bedeutendste Reformator weit und breit, könnten auf ein geniales Schlitzohr, den Bischof von Hippo bei Karthago, hereingefallen sein. Warum und wieso, gerne erzähle ich Ihnen ein bisschen mehr von den alten Geschichten.

Ihr großes Vorbild, Ihr Herr und Meister Augustinus, hat ja stets den Eindruck erweckt, der größte Grübler, gewissenhafteste Bibelkenner und Gottes bescheidenster Diener zu sein, darüber wollen wir nicht richten und keines seiner möglichen Verdienste schmälern. Aber bei seinem zentralen Thema Sünde hat er es sich verdammt einfach gemacht. Er beruft sich auf das fünfte Kapitel des Römerbriefs, zitiert aber nicht, obwohl er das könnte, nach dem griechischen Original des Paulus, er konnte nämlich kaum Griechisch, sondern nach der schlampigen lateinischen Übersetzung, der Vulgata, die er dann noch falsch deutet, wie die Kenner sagen. Das griechische «eph ho = weil, also» steht hier gegen das falsch ins Lateinische übersetzte «in quo = in ihm». Erinnern Sie sich? Bei Ihnen heißt der Vers, auf den Augustinus sich stützt, Vers 12: «Derhalben, wie durch einen Menschen die Sünde ist gekommen in die Welt und der Tod durch die Sünde, und ist also der Tod zu allen Menschen durchgedrungen, weil sie alle gesündigt haben.» Auch wenn heute keiner mehr einen solchen Satz versteht, er ist, wie die Fachleute meinen, richtig übersetzt, Sie haben das «weil, also» korrekt wiedergegeben, und das in den harten Zeiten, als Sie Monat für Monat über solchen Sätzen in der kalten, zugigen Wartburg geschuftet und gebrütet haben.

Aber Sie haben auch großzügig darüber hinweggesehen, wie Ihr Meister Augustinus an dieser Stelle gepfuscht hat, wie er das Griechische ignoriert und zu der strittigen, falschen Vulgata-Übersetzung «in quo = in ihm» gegriffen hat. Ehrlich gesagt, ich verstehe von diesen Feinheiten wenig, ich habe nur darüber gelesen, aber das alles ist spannender als jede Mordgeschichte. Das ganze ehrfurchtgebietende Erbsündengebäude ist auf diese paar wackligen Silben gebaut. Der Kirchenvater hat nicht nur den philologischen Fehler gemacht, sondern auch, anders als alle anderen Bibeldeuter, den zweiten Halbsatz grammatisch eindeutig falsch und sehr direkt auf Adam bezogen.

Niemand vor ihm, sagt die theologische Spezialistin Elaine Pagels, hat den Paulus so missdeutet wie Augustin. Nur mit diesem Doppelfehler konnte er Adam in den Vordergrund schieben und mit der Behauptung auftrumpfen, dass alle Menschen in Adam gesündigt hätten und deshalb kein Mensch vom Moment der Zeugung an aus eigener Kraft seiner Sündhaftigkeit entkommen könne. Paulus war ja schon verwegen genug, die Tatsache des menschlichen Todes als Strafe für Adams und Evas Sünde zu definieren und nicht damit zu erklären, dass die Menschen wie alle Lebewesen endliche Lebewesen sind. Und nun überbietet der Bischof den Apostel noch: Nicht nur der Tod, sondern auch jedes menschliche Leiden ist eine Strafe für jenen mythischen Biss in den verbotenen Apfel. Und jede Sünde wird kausal auf Adam zurückgeführt.

Einfacher kann man sich kein Weltbild zusammenschustern: Da ist er, die Krone der Schöpfung, der erste Mensch – und reißt gleich die ganze Menschheit in den Abgrund, in die Hölle, während die wenigen Ausnahmen, die dank unerklärlicher Gnade der Hölle entkommen, nur dazu da sind, die Regel zu bestätigen. Ob der Kirchenvater mit Absicht oder aus Unkenntnis seinen Paulus falsch gelesen hat, steht dahin, er wollte und brauchte jedenfalls diese eigenwillige Deutung. Das Ergebnis ist eindeutig: Die ganze Theorie der Erbsünde fußt auf einem falsch verstandenen Nebensatz, der zudem den Vorteil hat, dass die Frauen an allem schuld sind. Schließlich hat der Teufel das Weib und das

Weib Adam zur Sünde verführt und damit nach dieser Hauruck-Logik die Sünde, Leid und Tod an alle menschengezeugten Wesen vererbt.

So war der Mensch nun für alle Zeiten zum «Sündenklumpen» degradiert, verderbt, elend, schwach, unfähig zur Besserung. «Jeder, weil aus verdammter Wurzel entsprungen, ist von Adam her notwendig böse und fleischlich», sagte Ihr großes Vorbild. Der Augustinus-Forscher Kurt Flasch, trinken wir auf sein Wohl!, fasst das so zusammen: «Er machte aus dem Apfelbiss, den der Jesus der Evangelien nie erwähnt hatte, den Sündenfall der gesamten Menschheit und den Beginn der Teufelsherrschaft auf Erden. Ohne diese Menschheitssünde habe es weder Krankheit noch Tod gegeben.»

Frau Pagels, Herr Flasch und andere Experten könnten Ihnen das noch genauer aufdröseln, ich will das an diesem heiteren Nachmittag nicht weiter vertiefen, ich könnte das gar nicht. Und will auch nur antippen, welche Nachwirkung uns Zeitgenossen besonders interessiert und was Ihnen ziemlich fremd sein muss, nämlich die Folgen für die nach unserer Vorstellung so wundervolle und nach Augustins Vorstellung so sündenbelastete

Geschlechtslust, die körperliche Vereinigung. Da könnte man jetzt viel erzählen, mit welcher Wollust der ehemalige Hurenbock als alter Kirchenvater die Sexualität, jede sexuelle Regung, den Makel der Libido, sogar die Ehe, wenn sie mehr als ein Fortpflanzungsbetrieb ist, als Sünde verteufelt. Und mit welcher Leidenschaft er jeden Funken Lust sowie jeden einzelnen Samenfaden für die ewige Verdammnis des Menschen haftbar macht. Viele Bücher sind schon geschrieben worden und viele ließen sich noch schreiben über die Folgen der augustinischen These, die Ursünde von Adam und Eva werde durch geschlechtliche Vermehrung auf uns alle übertragen und in die angstbeherrschten Seelen implantiert. Was Ihr verehrtes Vorbild da für die Menschheit angerichtet hat, ist ein Thema für sich, damit will ich Sie heute verschonen.

Mich beschäftigt eher die Frage, ob man Sie, Herr Luther, ganz von der Kritik freisprechen kann, solche Fehldeutung oder Fälschung nicht bemerkt oder überprüft zu haben. Ob Sie hätten wissen können, was die Fachleute ans Licht gebracht haben aus den Augustinus-Werken, aus denen auch Sie hätten schöpfen können, die Sie vermutlich im Umfeld der Wittenberger Universität stehen hatten. Sicher, jedermann wird Verständnis dafür haben, dass Sie neben Ihrer Arbeit als Übersetzer, Prediger, Autor, Lehrer, Briefschreiber, Familienhaupt, Reisender, Streithammel, Eheberater, leibhaftiger Reformator und so weiter nicht auch noch ein gründlicher Augustinus-Philologe sein konnten. Aber hätten Sie nicht Ihren Freund Melanchthon bitten können, diesen zentralen Punkt Ihres reformatorischen Anliegens, die Erlösung von den realen oder angeblichen Sünden, diesen zentralen Punkt bei Augustinus, einmal zu überprüfen? Oder hätte nicht Melanchthon selbst ohne allzu viel Mühe entdecken können, wie der Kirchenvater hier geschludert hat?

Natürlich habe ich heute, fünfhundert Jahre und einige Aufklärungsepochen nach Ihnen, leicht reden, ich weiß. Klar, es wäre ein bisschen viel verlangt von Ihnen und Ihren Zeitgenossen, das tief in alle Christlichkeit gepflanzte Erbsündendogma anzutasten oder in Frage zu stellen. Keine Sorge, das verlangt niemand von Ihnen, das ist verjährt, dafür werden Sie vermutlich nicht in der Hölle braten. Ich will nur sagen, aufschlussreich ist es schon, an welchen Ecksteinen der christlichen Überlieferung Sie und Ihre Kollegen den Meißel der Reformation angesetzt haben und an welchen nicht. An diesen nicht, so ganz und gar nicht, und den alten Augustin haben Sie vom hundertprozentigen Katholiken zum hundertprozentigen Protestanten befördert, oder? Gegen alle Schwärmer und Schwarmgeister haben Sie heftig gekämpft – aber nicht gegen den Sündenschwärmer Augustinus. Warum eigentlich nicht, können wir mit dem ordentlichen Abstand von Jahrhunderten da schon mal fragen, vielleicht, weil Sie selber einer waren, ein Erbsündenschwärmer? Nein, ich will nicht persönlich werden, aber da wir hier schon einmal so friedlich, freundlich beieinandersitzen bei einem ordentlichen Bier, würde ich doch gerne wissen: Warum haben Sie das heiße Eisen Erbsünde nicht angetastet?

Ich vermute mal, Sie wollten da gar nicht ran, Sie wollten da gar keine Fragen stellen. Sie haben sich selber viel zu oft und seit Ihren Anfängen als junger Mönch bis zum Ende mit Ihren eigenen Sünden oder angeblichen Sünden herumgequält, es ist ja der Satz überliefert, den Ihr augustinischer Beichtvater lange vor 1517 zu Ihnen gesagt haben soll: «Magister Martin, ich verstehe Euch nicht, Ihr klagt Euch der Sünde an und wisst doch keine Sünden aufzuzählen.» Ihr ganzes Leben lang, schreiben

Ihre Biographen, wollten Sie von irgendwelchen vagen Sünden erlöst, aus Sündensümpfen und der «Sündenknechtschaft» befreit werden. An jeder Ecke, bei jeder Gelegenheit, vielmals täglich haben Sie den Teufel an der Wand gesehen oder in sich selber. Jemand spricht sogar von Ihrer «Teufelsfürchtigkeit». Der «Sündenklumpen» muss also nicht nur dem alten Bischof aus Hippo in Nordafrika, sondern auch Ihnen, dem jungen Mönch aus Wittenberg in Sachsen, gefallen haben. Und erst recht dem späteren Glaubensdogmatiker und Teufelsbekämpfer, der auch von den Evangelischen verlangt, an die Erbsünde zu glauben. Geben Sie's zu, es hat auch Ihnen nicht gepasst, dass am Anfang des Christentums die moralische Autonomie des Menschen noch zur «frohen Botschaft» gehört hat. Die augustinische Wende von der frohen Botschaft zur drohenden Botschaft war Ihnen rundum willkommen. Denn ohne die Erbsündenlehre «funktioniert weder die lutherische noch die römische Erlösungstheorie» (Flasch).

Ein Herzensbruder und achtzig numidische Hengste

Aber gehen wir noch einmal ins fünfte Jahrhundert zurück. Man fragt sich ja, warum wurde diese Vergewaltigung des Christentums hingenommen, warum konnte dieser gerissene Bischof aus Hippo sich durchsetzen und alle anderen, von seinem Kurs abweichenden Lehren als Irrlehren abqualifizieren? War er nicht eigentlich der sogenannte Ketzer und seine Lehre eine Irrlehre, die das Christentum auf den Kopf stellte und Gott zum allerhöchsten Zyniker und Sadisten machte, der eine Spezies ewiger Sünder geschaffen haben soll? Ein Gott, der sich die ganze Mühe mit der Schöpfung, den Wundern der Natur und den hochkomplexen Menschen macht, um sie dann alle, fast alle, Millionen, Milliarden seiner edelsten Geschöpfe gleich wieder ins Höllenfeuer zu werfen? Und eine kleine Minderheit von Auserwählten und Gläubigen unerforschlichen Regeln unterwirft, um ihnen vielleicht, vielleicht auch nicht, die Gnade zu erweisen, sie zu retten?

Pervers, sagen wir heute, schwer zu begreifen, warum solch ein Gottesbild und solch ein Menschenbild akzeptiert und zum Dogma wurden. Auch ich hab das lange nicht begriffen, aber dieser höhere Ratschluss ist nun keineswegs unerforschlich: Augustinus hat sich durchgesetzt, weil Staat und Papst es so wollten, erklären uns die Historiker. Weil weltliche und geistliche Herrscher den unerschöpflichen Nutzen der augustinischen Lehre erkannten. Noch ein Bier, ein garantiert reines, sündenfreies Bier?

Denn wenn nun jeder böse und sündig ist, wenn alle Menschen per se schlecht sind, dann braucht es eine allmächtige Kirche, um einigen wenigen die Gnade des Heils zu vermitteln, und einen allmächtigen christlichen Staat, der die Sünder zu beaufsichtigen und niederzuhalten hat. Dann braucht es die absolute Herrschaft von Papst und Kaiser, Bischöfen und Fürsten. Dann ist jedes obrigkeitliche Regiment recht und unverzichtbar, und sei es die Tyrannei. Nur wegen der Erbsünde, kurz gesagt, konnte das Christentum Staatsreligion werden.

Verzeihen Sie, Herr Luther, das geht Sie alles nichts mehr an, uns dagegen durchaus, unser Gemeinwesen ist immer noch davon geprägt, und nicht nur zu seinem Nachteil. Aber ich möchte Ihnen wirklich nicht mit unserer Gegenwart auf den Wecker fallen und Sie belehren, nein, ich will Ihren Denkerkopf, der so lange pausiert hat, nur mit kleinen Provokationen und Fragen reizen, wecken und unterhalten an diesem schönen Nachmittag.

Und hier liegt schon der nächste Witz auf dem Tisch: Die theologische Erfindung der Erbsünde hätte sich gar nicht durchsetzen können, wenn sie nicht von der Staatsgewalt durchgepaukt worden wäre, wenn sie nicht der römische Kaiser befohlen hätte, der sie dem Papst befohlen hat - ja, so waren die Verhältnisse um das Jahr 418 herum. Natürlich hatten sich viele Bischöfe gegen den scharfen Hund aus Hippo gewehrt, vor allem ein gewisser Pelagius, der das traditionelle humanitäre, auf Armut und Ehre gestützte Christentum vertrat und sich auf den frühen Augustinus berief. Das konnte der alte Besserwisser, der inzwischen auf Macht und Reichtum der Kirche fixiert war, nun gar nicht vertragen und wollte Pelagius durch ein Konzil zum Ketzer verdammen lassen, aber der verteidigte sich und galt weiter als rechtgläubig, Augustin fand keine Mehrheit.

Doch er gab keine Ruhe, rief seine nordafrikanischen Bischöfe zusammen, die machten ihr eigenes Konzil, stempelten den Gegner zum Ketzer, weil der mit seinen Ideen nicht nur Irrglauben verbreite, sondern vor allem die bischöfliche Autorität und die gerade erst erreichte kirchliche Macht untergrabe. Die Hippo-Fraktion drängte mit ihren Beschlüssen, die Augustin mit offenen scharfen Attacken gegen Pelagius noch steigerte, schließlich auch den Papst Innozenz I. zu dieser Ansicht. Was die Christen dreihundert Jahre geglaubt hatten, war plötzlich zur Irrlehre erklärt. Dass alle Menschen, wenn sie sich entsprechend verhalten, selig werden können, wie es in der Bibel steht, war nun Quatsch von gestern, schlimmste Ketzerei. Pelagius beschwerte sich, dass er in Rom nicht angehört worden sei, und schickte eine Verteidigungsschrift an den Papst, aber der starb, bevor sie ihn erreichte. Sein Nachfolger Zosimus prüfte die Schrift und den ganzen Fall, rehabilitierte Pelagius in allen Punkten, mahnte Augustinus und seine nordafrikanische Fraktion, die Sektiererei mit dem Erbsündenkrampf zu beenden, in Liebe zu handeln und den christlichen Frieden nicht zu stören, und entketzerte diesen Pelagius also wieder. Darauf ein Bier, prosit, auf die wilden Zeiten der Kirchengeschichte!

Was hätten Sie nun getan an Augustins Stelle? Dem Papst gehorchen? Sie nicht, Herr Luther, und Ihr Vorbild auch nicht! Der wandte sich flugs an den Kaiser, obwohl der nicht bekannt dafür war, schwierige theologische Finessen wie Römer 5 Vers 12 kompetent zu deuten. Doch Augustinus war ein Freund der kaiserlichen Familie noch aus gemeinsamen Tagen am Hof in Mailand, der inzwischen nach Ravenna umgezogen war.

Aber eine feine Epistel in die Hauptstadt an der Adria reichte da nicht, der Bischof aus der Provinz musste sichergehen und schickte seinen «Herzensbruder» und Bischofsbruder Alypius als Botschafter von Hippo in Nordafrika mit achtzig numidischen Zuchthengsten über das Mittelmeer an den Hof in Ravenna. Rassepferde, Hengste, die weitere Hengste und Stuten zeugen konnten, springendes Schmiergeld, sehr begehrt am Hof der ravennischen Krieger und Kavallerieoffiziere, erst acht Jahre zuvor hatten die Goten Rom überfallen, Ravenna war damals nur dank seiner Sümpfe verschont geblieben. Die prächtigen Pferde wirkten allemal besser als die prächtigsten Argumente. Kaiser Honorius, vom Wohlwollen seiner Heerführer abhängig, tat, was Augustin wünschte, erklärte Pelagius zum

Störer der öffentlichen Ordnung und drängte den Papst Zosimus, den Augustinus-Gegner wieder in einen Ketzer zu verwandeln, zur ewigen Verdammnis zu verurteilen, zu verbannen, seine Schriften zu verbrennen, das übliche Programm.

Machen wir's kurz, aber das muss ich Ihnen doch noch erzählen, falls Sie es nicht wissen: Die Hengste waren auch stärker als der klügste und mutigste Mann aus der nächsten Bischofsgeneration. Dieser Julian von Eclanum zerpflückte die Erbsünden-Erfindung mit so abgewogenen, kräftigen Argumenten, dass Augustinus zwölf Jahre lang bis zu seinem Tod an sechs Büchern schrieb, um diesen Gegner zu widerlegen, und doch mit keinem davon fertig wurde, siehe «Opus imperfectum contra Iulianum». Aber der Lauf der Dinge war entschieden, Julian wurde abgesetzt, als Ketzer verbannt, seine Schriften verbrannt, die Erbsünde Gesetz und als Gnadenlehre verkauft. Julian hatte das Pech, keine Machthaber hinter sich zu haben, geschweige denn einen Kaiser oder einen Papst, so wurde er verdammt und vergessen.

Da fällt mir ein: So hätte es Ihnen ja auch leicht ergehen können, Herr Luther, oder nicht? Wenn

Sie nicht von Anfang an, beim ersten Paukenschlag mit den 95 Thesen gegen den Ablass, keinen Fürsten an Ihrer Seite gehabt hätten, würde heute vielleicht kein Hahn nach Ihnen krähen. Wenn Sie nicht mehrere Landesfürsten nach und nach hinter sich gebracht hätten, die sich von der Reformation Vorteile versprachen, die sie auch bekommen haben, dann hätten die Bannbulle und die römische Verketzerung ganz anders gewirkt. Dann gäbe es keine Lutherjahre und Lutherdenkmäler und Lutherfeiern, dann wären Sie vielleicht nicht völlig vergessen, aber nicht viel mehr als eine Fußnote der Kirchengeschichte wie die alten Ketzer. Also, seien Sie milde mit den Kollegen Pelagius und Julian, die es auf eigene Faust und ohne Schutzmacht gewagt haben, einem staatsnahen Bischof zu widersprechen, der mit einem Fehler bei der Übersetzung und einem bei der Deutung das Christentum völlig verdreht hat.

Und das letzten Endes nur wegen ein paar Zuchthengsten von der berühmten Rasse, die man später «Araber» nannte! Achtzig geile Gäule reichten, um der christlichen Menschheit den Geschlechtsverkehr zu verderben. Dreihundertzwanzig schnelle Pferdebeine, um Liebenden das Liebesglück zu zertrampeln. Achtzig herrliche Mähnen, um allen Reitern und Nichtreitern jeden freien Willen und jegliche Fähigkeit zu freier Entscheidung abzusprechen und damit die ganze Theologie auf Abwege zu führen. Achtzig bestens dressierte Rösser, um die Menschen von nun an mit der Willkür und Grausamkeit der Gnadenlehre zu dressieren. Hätten die Götter Humor, die Himmel würden bersten vor Lachen seit nunmehr eintausendsechshundert Jahren. Da schmunzeln Sie, immerhin. Wollen Sie etwas sagen? Nein?

Nachdem er sich und seine Gnadenlehre gegen und mit Rom durchgesetzt hatte, verkündete Augustinus das nächste Gesetz, das ganz im Sinn des römischen Klerus war und bald zum Dogma wurde: Rom hat entschieden, Schluss der Debatte, Roma locuta, causa finita. Alle andersdenkenden Christen und milder gestimmten Gemeinden wurden als Ketzer, Feinde und Teufel aus der Kirche getrieben. Der Erbsündensieger kannte nicht mal ein schlechtes Sündengewissen, in seinen Schriften verschwieg er die Hengstaktion nicht, die ihm Julian vorgeworfen hatte. Kein Sündengewissen, das ist vielleicht falsch gesagt, ich muss mich korrigieren, das ist mein Blick aus dem moraleifrigen 21. Jahrhundert, natürlich waren eine Textfälschung und eine Bestechungsaktion recht gewöhnlich und damals kein Grund für ein schlechtes Gewissen. Beides hat ja auch jahrhundertelang niemanden gestört oder verwundert. Da war man, wie uns die Historiker beruhigen, ganz andere Kaliber gewohnt. Es gab bekanntlich kaum ein Konzil ohne Korruption, Intrigen und Erpressung. Und bei einem Heiligen, der nebenbei auch noch der lauteste Antisemit und Befürworter des heiligen Krieges und der Folter war, ist bekanntlich alles heilig, natürlich auch seine bis heute wirksamen nützlichen Tricks. Kleine Sünden beim Etablieren der Erbsünde können ja nur lässliche Sünden sein. Ein guter Katholik würde wohl sagen: Gott wohnt auch in den Zuchthengsten, weil sie die Kirche groß und stark gemacht haben.

Die Sünden und die Jungfrau

Verzeihen Sie, Herr Luther, wenn ich hier lache und Ihre religiösen Gefühle verletze, aber empfinden Sie nach so vielen Jahren Denkmalsernst es nicht doch als erheiternde Abwechslung, ein paar Neuigkeiten aus der alten Kirchengeschichte zu hören? Oder hätten Sie es lieber, wenn ich Ihnen schmeichelte, ein couragierter Mann wie Sie hätte schon gewusst, warum er den genialen Schachzug des Augustinus mitmacht? Und die Plattitüde wiederholte, ohne die Erb- oder Ursünde mit ihren vielen Vorteilen gäbe es schließlich keine oder keine richtige Erlösung – so höre ich Ihre Verteidiger rufen. Nein, einem Fünfhundertjährigen muss man nicht mehr schmeicheln, und ich würde diese Verteidiger fragen: Wer sagt denn, dass es «Erlösung» braucht? Wer kann sich anmaßen, Menschen eine solche zu versprechen? Da wären wir bei Himmels- und Heilsversprechen, also politischen Fragen …

Dann lieber zurück zur unterhaltsamen Kirchengeschichte, bei diesen Ausflügen wird man ja immer wieder reich belohnt. Von einem Konzil wenigstens will ich Ihnen noch erzählen, eins noch, ganz kurz, ist versprochen. Ein Jahr nach Augustins Tod, 431 in Ephesus, kam man zusammen, weil die Erbsünde natürlich neue Fragen aufwarf. Sie war als Pfeiler der Kirche bestätigt, Sexualität verteufelt, jede Zeugung sündenbeladen, aber nun hatte man das Problem: Jesus durfte nicht wie jeder Mensch aus Adams Sündenfleisch geboren sein. Also brauchte er eine jungfräuliche Mutter, und die war bekanntlich auch durch falsche oder, sagen wir, geschickte Übersetzungskunst zustande gekommen.

Sie runzeln die Stirn, Sie haben das wahrscheinlich schon wieder vergessen, bekannt ist das eigentlich auch vielen Protestanten nicht, wie die Jungfrau entstanden ist. Da rührt man lieber nicht dran, an die rohe Gewalt, mit der man der mehrfachen Mutter viele Jahre nach ihrem Tod ein Jungfernhäutchen anoperiert hat. Ich stelle mir vor, dass Sie da ganz schön geschwitzt haben auf der kalten, zugigen Wartburg zwischen Septuaginta und Vulgata, als es um Maria ging. Zur Erinnerung: Der eine Satz von Jesaja, der von den Christen stets als Jesus-Prophezeiung gedeutet wurde, sich aber auf eine viel konkretere Erwartung bezog, wurde in der ältesten Übersetzung des Alten Testaments ins Griechische, der Septuaginta, schlicht falsch übersetzt. Aus der hebräischen «jungen Frau», die einen Retter und Helfer gebären sollte, wurde eine griechische «Jungfrau» gemacht. Lukas, dessen Evangelium, wie die Historiker inzwischen wissen, ein Roman ist, «ein waschechter Roman» (Emmanuel Carrère), griff diese Jungfrau natürlich gerne auf. Und der berühmte Hieronymus verdrehte noch einmal den griechischen Lukastext von der anmutigen Jungfrau Jesusmutter in seiner Vulgata, indem er die Anmut wegließ und seiner Jungfrau ein «gratia plena», «voll der Gnaden», hinzudichtete.

Nun lag aber plötzlich der Makel der Erbsünde auf allen Menschen, also musste man klären, welcher Art die Reinheit, die Unbeflecktheit der zur Jungfrau beförderten Maria war und ob sie nun eine Menschenmutter oder eine Gottesmutter gewesen sei. Zwei unversöhnliche Parteien standen sich 431 in Ephesus gegenüber, mit Schlägertrupps, mit Aussperrungen, Exkommunikationen, wuchtigsten Verfluchungen und gewaltigen Bestechungen, bis sich der skrupelloseste der Bischöfe durchsetzte, Cyrill, später zum Heiligen erkoren. Die groß- und kleinkriminellen Einzelheiten rund um dies Konzil müssen uns hier nicht interessieren, das Ergebnis zählt: So wurde Maria 431 Jahre nach der Geburt ihres Knaben zur jungfräulichen Gottesgebärerin – trotz ihrer anderen Kinder, von denen in den Evangelien noch die Rede ist und die von nun an weggeleugnet wurden. Damit konnte sie nicht mehr mit Sünden befleckt und Jesus nicht in Erbsünde geboren sein.

Man gab ihr den 15. August als Feiertag, der schon der Feiertag der jungfräulich genannten Frauengöttin Artemis gewesen war, und das in Ephesus, dem Zentrum der Artemis-Verehrung. Und dreimal dürfen Sie raten, wer noch an diesem 15. August seinen Heiligentag hat. Der Bischof Alypius, der Korruptionsbeauftragte, der die achtzig Hengste nach Ravenna geschafft hatte, wurde aus welchen Gründen auch immer heiliggesprochen – und nicht nur das. Der wichtigste Helfer bei der Verbannung von Sexualität und Eros aus dem Christentum wird am gleichen Tag verehrt wie die heilige, zum Himmel aufgefahrene Jungfrau, das hat doch was! Hätten Sie der katholischen Kirche so viel Ironie zugetraut, Herr Luther? Ich gebe es zu, ich nicht. Darauf trinken wir noch einen, zum Wohle! Es lebe das Reinheitsgebot!

Kongress über die religionsstiftende Kraft von Übersetzungsfehlern

Besaufen können wir uns später, wenn Sie mögen, erst mal will ich noch locker und nüchtern beim Thema bleiben, bei Ihnen und der Reformation.

Achtzig Hengsten und dem Genie eines einzigen Kirchenvaters also verdankt das christliche Abendland sein stärkstes Seelenfolterinstrument, die Erbsünde, sowie die Verdammung der Geschlechtslust und Lebensfreude und Freiheit und das Einpflanzen von Angst in die Seelen und so weiter. Das ist gewiss nicht Ihre Sicht, Herr Luther, und der freie Wille ist noch mal ein Komplex für sich, aber nehmen Sie es an diesem schönen Nachmittag einfach mal zur Kenntnis, gelassen, wie es einem älteren Herrn zusteht, dass dieser Coup von 418 Folgen hatte für so gut wie jede Frau, jeden Mann, jedes Kind in den christlichen Ländern. Ein Apfelbiss im mythischen Paradies, und ein genialer Bischof aus dem fünften Jahrhundert setzt sich mit seiner Ansicht durch, wir alle, auch wir Erdbewohner des 21. Jahrhunderts, seien, in Adams Lenden schlummernd, dabei gewesen von Geschlechtsakt zu Geschlechtsakt bis zu unserer Zeugung und müssten deshalb grausamst und in der Regel für alle Ewigkeit bestraft werden. Und er schafft es, daraus ein Dogma zu machen, mit Hilfe einiger Tricks und achtzig geschlechtsreifer Hengste aus Afrika in den Ställen von Ravenna. Diese edlen Gäule sorgen seit fast eintausendsechshundert Jahren für ein finsteres Gottesbild, ein finsteres Menschenbild, ein finsteres Weltbild, auch das sehen Sie ein bisschen anders, ich weiß. Aber so ganz kalt lässt es Sie auch nicht, lese ich auf Ihrer Stirn, dass ein Übersetzungsfehler und achtzig schuldlose schöne Pferde seit unendlich langer Zeit die gesamte Menschheit, jeden einzelnen Homo sapiens, zum schwerstschuldbeladenen Sündenklumpen gemacht haben, oder?

Eine solche unbegreifliche Schuld- und Schuldenlast, dass sie jeden Nichtchristen abschreckt und nicht nur die einfachen Christen daran verzweifeln. Auch die klügsten Theologen wurden jahrhundertelang mit diesem Kuckucksei nicht froh, das der Alte der Kirche ins Nest gelegt hatte. Was war jetzt mit der Erlösung? Es dauerte eine Weile, bis die Katholiken die Formel fanden, mit der Taufe sei die Erbsünde getilgt, aber doch wieder nicht so ganz. Und denken Sie nur an die Quälerei, bis Sie, Herr Luther, für die Protestanten die Rechtfertigungslehre entwickelten und die Formel fanden, allein durch den Glauben werde man von der Erbsünde erlöst.

Rechtfertigungslehre, ein Kompliment für den hübschen Namen, aber damit haben Sie keineswegs gerüttelt an der Erbsünde, an Augustins finsterem Menschenbild, im Gegenteil. Das Kuckucksei haben Sie nicht angeknackst, als Sie mit theologischen Finessen und Konstruktionskünsten, die ich nicht verstehe und nicht verstehen muss, einen Ausweg aus dem Höllendschungel und dem Sündensumpf gefunden haben. Aber wie ich gelesen habe, ist Ihnen das am Ende auch nur gelungen, weil Sie nicht anders als Ihr Vorbild Augustin beim Übersetzen, als es Ihnen nötig schien, geschummelt haben.

Klar, Übersetzer dürfen nicht allzu penibel sein, man soll es mit der Genauigkeit nicht übertreiben, aber mit dem Rechthabenwollen auch nicht. Ich meine, dass Sie als internationale Denkmalsgröße es sich ohne weiteres leisten können, sogenannte Übersetzungsfehler zuzugeben nach fünfhundert Jahren, jedenfalls an diesem Tisch, an dem wir komischerweise immer wieder bei solchen Fehlern landen. Kurzum, das war sehr geschickt, bei der zentralevangelischen Formel «allein durch den Glauben» sich auf den Chefideologen Paulus (Römer 3,28) zu berufen und ihn so einzudeutschen – obwohl das Wörtchen «allein» im griechischen Text nicht zu finden ist, ein markanter Einschub.

Ob Übersetzungsfehler oder Verstärkung des Sinns durch die Betonung mit einem neuen Wort, darüber kann man streiten. Dass Sie aus dem Widderhorn Schofar die Posaune gemacht haben und mit dem Kamel (statt Tau oder Seil) und dem Nadelöhr einen surrealistischen Spaß erfunden haben, wunderbar. Ein eingeschmuggeltes «allein» dagegen als Grundstein des Protestantismus, das ist schon kühn, das macht das Gebäude doch etwas wackelig, das müsste einen Architekten eigentlich beunruhigen. Nein, keine Sorge, Sie sollen an diesem Tisch Ihre Rechtfertigungslehre nicht rechtfertigen, wirklich nicht, dafür brauchen Sie kompetentere Gesprächspartner als mich.

Ich finde es nur lustig, dass Sie, der größte deutsche Übersetzer zweifelsohne, zugleich in der Tradition der frommen Falschübersetzer stehen. Wenn Augustinus durch seine falsche Übersetzung Katholiken und Protestanten die Erbsünde einbrockt, wenn die Septuaginta-Übersetzer und Hieronymus den Katholiken und Orthodoxen eine jungfräuliche Maria schenken, warum soll dann nicht ein Martin Luther den Evangelischen durch einen kleinen Übersetzungszusatz zu ihrer trotzigen Identität verhelfen? Das wäre doch mal wirklich was Neues im Lutherjahr, eine Tagung, ein ökumenischer Kongress über die religionsstiftende Kraft von Übersetzungsfehlern.

Schlappe Scherze, ich weiß, aber solche Scherze sprießen nun mal aus Widersprüchen, aus dem finsteren Ernst der Theologie. Bei christlichen Freunden und Bekannten kann ich sie nur selten aussprechen, die schämen sich dann gleich, so weit ist es mit dem Schamgefühl gekommen. Bei Ihnen aber, dem erfahrenen Streithammel, kann ich auf meine Weise reden, auf Tischredenweise, und es gibt genug religiöse Widersprüche und Absonderlichkeiten, über die man wochenlang sprechen könnte. Nur nicht mit mir, ich hab mich zufällig an der Erbsünde festgebissen, und dabei soll es bleiben, und damit will ich langsam zum Schluss kommen.

Reformation für Fortgeschrittene

Gleich können Sie wieder auf Ihr Denkmal steigen, sich zurückziehen in die Bronze und lächeln über das alles, über das riesige Minenfeld der

Sündentheologie. Oder könnte es Ihren alten Widerspruchsgeist nicht doch jucken, mit Ihren verbliebenen Kräften, die Sie immer noch ausstrahlen, weit über diesen Tisch hinaus, ein wenig an der Autorität des alten Augustinus zu kratzen und das Kuckucksei als solches zu entlarven? Seine höchst fragwürdige Sündentheorie wurde schließlich das Rückgrat des Christentums, ein ziemlich morsch gewordener Grundpfeiler abendländischen Denkens. Lohnt es da nicht, Ihren segensreichen Widerspruchsgeist wenigstens an Ihre Nachfolger auszuteilen? Kitzelt Sie nicht die Idee, dass beim Punkt Erbsünde endlich eine Reformation fällig wäre, eine Reformation für Fortgeschrittene?

Sie sehen, ich kann mich schwer damit abfinden, dass Sie es seinerzeit verpasst haben, Ihre Reformation zu einer richtigen, einer gescheiten, einer im Sinn des Christentums vernünftigen Reformation zu machen. Wenn ich von Ihrer Fraktion wäre, würde ich etwa so denken: Solange es immer noch Leute gibt, die einen Gott brauchen und suchen, sollte man denen nicht den Weg verbauen mit dem unüberwindlichen Hindernis Erbsünde. Es geht mich als Ketzer ja nicht viel an, aber so viel Empathie mit der religionsbedürftigen Menschheit sollten Sie schon zu erkennen geben, und wenn nicht Sie, dann die heutigen Lutheraner. Wenigstens in diesem Lutherjahr! Wär da nicht ein neuer Anstoß fällig, die Erbsünde wegzureformieren?

Oder wollen Sie päpstlich verfügen: Luther hat gesprochen, Schluss der Debatte! Sollen wir für die nächsten hundert oder fünfhundert Jahre völlig ausschließen, dass Augustinus besser durchschaut und mal für ein paar hundert Jahre in die Wüste verbannt wird? Wünschen Sie oder fürchten Sie, dass Sie oder Ihre Anhänger kapieren, einen Grundfehler, wie ich sagen würde, eine Sünde, wie Sie dann doch lieber nicht sagen würden, eine Unterlassung, wie man objektiv sagen müsste, beim großen Reformationsprojekt begangen zu haben? Am besten wäre, Sie diktieren eine Epistel, zum Beispiel des Inhalts: Das trickreiche Spiel des alten Augustinus und meine eigene Sündensucht und Selbstanklagelust haben mich damals so verblendet, dass ich nur eine halbe, eine versemmelte Reformation zustande gebracht habe. Aber ihr, meine Nachfolger im Geiste, sollt keine braven Augustiner mehr bleiben, sollt die mutigeren Fragen stellen, geht frisch ans Werk, schiebt nicht mehr alles auf Adam und Eva, hört auf mit dieser Sündeninflation und so weiter ...

Ein Prost auf den Konjunktiv, verzeihen Sie meine Belästigung, nehmen Sie es als Kompliment, wenn ich sage, Sie werden noch gebraucht, oder eine wie Sie oder einer wie Sie, um aus der halben Reformation eine ganze zu machen. Bei Ihnen war der Ablass der Anlass. Dabei ist die Erbsünde doch eine ähnlich schäbige Seelenverkäuferei, ein hinterfotziger Klerikalschwindel wie der Ablass. Unter gebildeten Menschen scheint es trotzdem ein Tabu zu sein, die Erbsünde für einen möglicherweise noch durchtriebeneren Einfall zu halten als die Geldschinderei. Die Schlaueren schützen sich mit der Behauptung: Ohne Erbsünde würde das Christentum zusammenkrachen - man müsse sie nur richtig verstehen. Und wenn die Sprache auf kriminelle Aktionen der Kirchengeschichte kommt, hören die meisten Gläubigen lieber weg, so bleibt das alte Erbsündendogma ein doppeltes Tabu. Bei Katholiken, die vor lauter Denkverboten schon nicht mehr atmen und auf ihre Heiligen nichts kommen lassen, wundert das nicht. Aber bei Protestanten?

Würden Sie heute, wenn Sie es könnten, Ihren Verehrern und Nachfolgern, den heutigen Kirchenmännern und Kirchenfrauen, etwas mehr Mut einhauchen, dies wacklige Dogma anzutasten?

Den Mut, das Thema Sünde nicht nur mit spitzen Fingern anzufassen? Können die nicht einen Beitrag, wenigstens einen produktiven Beitrag zum Lutherjahr leisten, nämlich den: nicht kneifen vor dem höllischen Aufwand sowie den möglichen Konsequenzen, die theologische Panscherei der Erbsünde beenden, die ganze Sündentheorie neu durchdenken, revidieren, radikal reformieren? Bei Fragen der Ethik mehr auf sachkundige Philosophen hören? Die Erbsünde mit Verstand in die Tonne treten, es sich bei der Frage der Böswerdung des Menschen nicht mehr so dämlich einfach machen und Gut und Böse besser justieren? Zumal, anders als um 418, die Zeiten der Staatsreligion vorbei sind?

Ja, sagen hier vielleicht manche, das ist doch längst geschehen, kein moderner Christ glaubt noch daran, dass der Mensch erbsündig vergiftet sei, weil Adam am Anfang der Schöpfung gesündigt habe. Geblieben sei das, was man heute Entfremdung oder unglückliches Bewusstsein nenne und wofür Sie einst die Formel gefunden hätten, der Mensch sei «in sich selbst verkrümmt». Schon möglich, würde ich antworten. Aber solange die Gleichung Mensch gleich Sünder in den Kirchen gilt und die

Angst regiert, eintausendsechshundert Jahre alte, hochproblematische Dogmen anzutasten, bleibt die Reformation eine halbe, eine verkorkste Sache.

Die Angst vor solchem Mut, die Angst vor neuen, weniger lebensfeindlichen Reinheitsgeboten kann man verstehen. Die gleiche Angst, dass hier ein Grundpfeiler des Christentums angetastet wird, mit dem die Kirche steht und fällt, hat man in Ihren Kreisen 1517 doch auch gehabt, oder? Und haben Sie da ängstlich reagiert? Na also. Dabei brauchen die heutigen macht- und angsthabenden Kirchenvertreter gar nicht so viel Angst zu haben: In den Jahrhunderten vor Augustinus hat das Christentum doch ganz ordentlich gewirkt. Und wer es genauer betrachtet, wird zugeben müssen: wahrscheinlich sogar besser.

Aber nicht nur Theologen scheinen mir an diesem Punkt übertrieben ängstlich, denkfaul, reformierfaul. Selbst die vergleichsweise mutige Zunft der Schreibenden und der Mikrofonmenschen der sogenannten Medien hält sich, wenn eine so zentrale Sache wie die Erbsünde mal aus dem Verschwiegenen auftaucht, an das Tabu. Diese braven Leute, die sonst auf Sensationen jeder Art aus sind, wollen offenbar nicht sehen, wie morsch dieser Grundpfeiler abendländischen Denkens oder wie ergiebig, wie zentral dieser größte Coup der Kirchengeschichte war und auch für das 21. Jahrhundert noch ist. Man spricht bei uns viel von der Notwendigkeit der Aufklärung bei den anderen Religionen, speziell der islamischen, dabei sind wir damit bei der christlichen Religion auch noch nicht sehr weit gekommen. Unsere Denker, Schreiber und Aufklärer belohnen jedenfalls die wenigen Experten, die einiges zur Erfindung der Erbsünde und ihren Folgen aufgedeckt haben, nicht mit nennenswerter Aufmerksamkeit, weder mit wütender noch gelassener oder nachdenklicher Kritik. Der mythische Apfelbiss, Augustin und seine unendlichen seelischen Missbrauchsopfer, Kinder, Frauen, Männer seit anderthalbtausend Jahren, werden in einer Gesellschaft, in der sonst alles rauf- und runterdiskutiert wird, nicht diskutiert.

Die Staatskirche ist vorbei, und in einem Staat, den wir heute, kühn wie wir sind, Demokratie nennen, müsste man fragen: Wenn alles Sünde sein soll, wie ist dann das wirklich Böse noch zu erkennen? Da die Menschen mit ihren Schwächen und Fehlern, ihrer Hinfälligkeit und Selbstgerechtigkeit usw.

es schon schwer genug haben, zivil miteinander umzugehen, muss man sie doch nicht zusätzlich mit dumpfem Ursündenbewusstsein lähmen. Im Kampf gegen Gewalt, Diktatur, Hass, Brutalegoismus hilft es nicht gerade, pauschal alle Menschen zu verlorenen Sündern und jedes menschliche Handeln als sündenbehaftet zu erklären und so die Sündeninflation anzuheizen. Wenn der Mensch nicht mehr als von Grund auf böse und sündig betrachtet würde, hätte es eine zivile Gesellschaft leichter, zwischen kleinen Sündern und wirklichen Verbrechern zu unterscheiden. Ich schweife ab, das ist nichts für Sie, das sind aktuelle politische Fragen ...

Sie, Herr Luther, haben Erstaunliches geleistet, haben sich in souveräner Weise frei gemacht von vielen Denkvorgaben und Dogmen Ihrer Zeit – und Ihren Nachfolgern wahrlich noch viel Arbeit vererbt, aber leider nicht Ihren Mut. Stattdessen Schweigen im Lutherland, sei es aus Feigheit oder Faulheit oder Selbstgewissheit. Überall stellt man eine Lutherfigur hin und pumpt sich gern ein bisschen mit Ihnen auf, aber bloß nicht zu viel. Man luthert sich widerstandslos durch diese Lutherjahre, als würden keine Rebellen mehr gebraucht. Man bläst fleißig die Posaunen, bastelt sich einen volksfesttauglichen Reformator und lässt die heikle Sündenkiste im tiefen, tiefen Keller des Verdrängten.

«Dem Teufel ich gefangen lag» – nein danke

Sie werden unruhig, Sie haben genug, erst recht von solchen Fremdwörtern wie Demokratie und zivil, das ist verständlich. Es freut mich, dass Sie es so lange ausgehalten haben an diesem Tisch, ich weiß das Privileg zu schätzen, hier neben Ihnen zu sitzen und keinen freien Gedanken unterdrücken zu müssen. Zu Ihrer Zeit hätte man solche Fragenteufel kaltgestellt, auch unter Reformatoren. Sogar Ihr Kollege Calvin hat 1553 den Spanier Michael Servet als Ketzer verbrennen lassen, weil der die Bibel gelesen und als Erster gemerkt hatte, dass ein anderes christliches Fundament, die von Kaiser Konstantin durchgepaukte und von Augustin verfeinerte Trinitätslehre, im Neuen Testament gar nicht zu finden ist – nun, das ist wieder eine andere Geschichte. Was ich sagen wollte, ich danke Ihnen für diesen ergiebigen Nachmittag, für das geduldige und noch mehr für das ungeduldige Zuhören, und wenn Ihnen mein Gerede nicht geschmeckt hat, das Bier hat Ihnen geschmeckt, wie man sieht. Und ich hoffe, es freut Sie, dass wenigstens einer Ihnen zutraut, aus der halben Reformation noch eine ganze zu machen.

Da sehe ich noch eine Frage hinter Ihrer Stirn. Richtig, verzeihen Sie, ich bin noch nicht dazu gekommen, mich vorzustellen. Mein Name spielt keine Rolle, Herr Luther, um mich geht es nicht. Ich bin nur einer von vielen. Einer, der schon als Kind nicht verstanden hat, weshalb er ein Sünder sein soll, nur weil er geboren ist. Und dann, das bisschen Schummeln und Lügen als Schulkind, das bisschen Wichsen oder Beischlaf mit Nichtangetrauten oder Nochnichtangetrauten, das kann einen Jüngling doch nicht zum Sünder machen. Dass Sie das Verdienst haben, nach Jahrhunderten der Leibfeindlichkeit und der Kasteiung den Geschlechtsverkehr nicht mehr zu verdammen und die körperliche Sexualität fröhlich zu bejahen, hatte sich damals noch nicht herumgesprochen.

Ich kannte nur den Choralvers «Dem Teufel ich gefangen lag, im Tod war ich verloren. Mein Sünd mich quälte Tag und Nacht, darin ich war geboren.

Ich fiel auch immer tiefer drein, es war kein Guts am Leben mein, die Sünd hatt' mich besessen», das haben Sie doch gedichtet, wenn ich nicht irre? Das war doch Ihr Problem, wie ich inzwischen gelernt habe, nicht meins, Ihre Sünden- und Selbstanklagenbesoffenheit, diese Zeilen fand ich als Konfirmand schon unverschämt, grausam, falsch. Ich will Ihnen jetzt nicht vorjammern, wie Sündendiktate und Sündenscham meine Entwicklung behindert haben. Es hat lange gedauert, die heitere Gelassenheit eines Agnostikers zu erreichen - umso schöner diese Belohnung, wenigstens einmal mit Ihnen über den ganzen Sündensalat zu reden.

Eine kleine Nebensache hab ich noch, darf ich? Mir leuchtet ein, dass ich als nichtgläubiger Mensch in Ihren, in evangelischen Augen schon meines Nichtglaubens wegen ein verlorener Sünder bin. Die himmlischen Freuden des Nichtglaubens den seelenquälerischen Irrgärten des Glaubens vorzuziehen, das muss nach theologischer Logik Sünde sein, das verstehe ich, damit kann ich leben, wie man neudeutsch gern sagt, in Heiterkeit und Dankbarkeit sogar. Nun steht aber im Augsburger Bekenntnis, so hat mich mal ein Theologe belehrt, noch mehr: Gute Werke zu tun «ohn Glauben» ist nicht nur ungut und sinnlos, sondern Sünde. Die mehr oder minder gute Tat ist Sünde, wenn der Täter der guten Tat das Pech oder Glück hat, nicht gläubig zu sein beziehungsweise nicht den rechten Glauben zu haben. Lieber Herr Luther, haben Sie da nicht zu viel Sündenschmalz auf die Stulle geschmiert? Also, ein Beispiel aus dem Sündenpfuhl: Wenn ich etwa einer christlich orientierten Einrichtung, die wem auch immer vernünftig hilft, einen Geldbetrag schicke, will ich ja nur ein bisschen mithelfen und würde mir nie einbilden, damit ein gutes Werk zu tun - das geht auch keinen was an, außer das Finanzamt. Aber dass ich deshalb nach dem von Ihnen geprägten protestantischen Grundgesetz als Sünder beschimpft werden kann, weil ich beim Überweisen nicht an Jesus geglaubt habe, finde ich, nun ja, erstaunlich undankbar - und vor allen Dingen strunzdumm. Solange weder Sie noch Ihre heutigen Anhänger mir diesen Fluch erklären, kann ich nur sagen: Das zeigt, wohin die augustinische Sündenbesoffenheit führt, die alles zur Sünde und alle zu Sündern erklärt - zur Vertreibung der Menschen ins Paradies des Nichtglaubens.

Nichtglauben soll nun wiederum eine ganz schwere Sünde sein, weil damit ein «gestörtes Verhältnis zu Gott» bewiesen sei. Aber könnte es nicht sein, dass solche Störungen aus den Bau- und Webfehlern der menschengemachten christlichen Gotteskonstruktion resultieren, für die nicht zuletzt Kirchenväter wie Augustinus und Sie verantwortlich sind? Ja, da gehen Sie lieber, da wollen Sie sich lieber in Ihre Bronze kuscheln, verstehe. Dann will ich Ihnen schnell noch nachrufen, auf wen ich mich berufe ... nicht so eilig, warten Sie, stolpern Sie nicht, nur noch dies ... Für klüger und tröstlicher als alle Kirchenväter zusammen halte ich Georg Christoph Lichtenberg mit seiner Gottesvorstellung – nebenbei ein Lob der Schöpferkraft der menschlichen Phantasie aller Zeiten und aller Erdteile und voll Respekt für die menschlichen Schwächen: «Gott schuf den Menschen nach seinem Bilde, das heißt vermuthlich, der Mensch schuf Gott nach dem seinigen.»

Nachwort

Was hat ein Dichter mit Luther, Augustinus und der Erbsünde zu schaffen?

Am Anfang war «Adam, Eva und die Schlange. Die Theologie der Sünde». Dieser Titel fiel mir auf, als ich zu Beginn der neunziger Jahre die Erzählung «Der Sonntag, an dem ich Weltmeister wurde» vorbereitete, ein erster Versuch autobiographischen Schreibens. Meine Kindheit in einem evangelischen Pfarrhaus sollte ausgeleuchtet werden, der Einfluss der Bibelsätze, Gebete, Choräle usw. auf die Seele eines Elfjährigen und die subtile Herrschaft des wortmächtigen und gotteswortmächtigen Vaters über seinen stotternden und schweigenden ältesten Sohn, der vorübergehend in der Fußballanbetung sein Glück findet. Dabei konnte ich auf viele Erinnerungen und gespeicherte Erfahrungen bauen, sie wurden ergänzt durch Recherchen in hessischer Heimatkunde und Lektüren wie «Gottesvergiftung» von Tilmann Moser.

Das Buch «Adam, Eva und die Schlange» von Elaine Pagels war für die entstehende Erzählung jedoch nicht sehr ergiebig, die «Theologie der Sünde» passte nicht zum vorpubertären Alter der Ich-Figur. Trotzdem las ich, was die amerikanische Religionswissenschaftlerin hier ausbreitete, mit großer Spannung, das Buch wurde für den damals etwa fünfzigjährigen Autor zu einem Schlüsselerlebnis. Theologisches hatte mich schon lange nicht mehr interessiert, ich war, als Jugendlicher noch mit halbschlechtem Gewissen, dann als Erwachsener mit zunehmendem Selbstbewusstsein, das geworden, was man ungläubig nennt. Den Unglauben nicht als Makel betrachtend, sondern als Gewinn an Freiheit, Heiterkeit und Dankbarkeit. Gewinn auch an Respekt vor christlichen Traditionen und Werten, an Nachsicht gegenüber denen, die Religion für ihren inneren Frieden brauchen, und an verschärfter Kritik gegenüber jeglichem Dogmatismus.

Auch bei Pagels kümmerten mich die theologischen Feinheiten wenig. Umso mehr der Skandal, wie Augustinus die Erbsünde nicht nur erfunden, sondern mit Bestechung durchgepaukt hat. Mit unabsehbaren Folgen: alle Menschen auf ewig verdammt durch die Ursünde. Der christliche Moralismus, die Leibfeindschaft und die unverständlichen Erlösungslehren, alles gegründet auf großen, genialen Betrug, das war eine sensationelle Entdeckung – jedenfalls für mich. Naiv, wie ich war, und noch unbeleckt von den Abgründen der Kirchengeschichte, dachte ich, jeder Katholik und jeder Protestant, der das Christentum noch ernst nimmt, müsste nun aufschreien, anklagen oder umdenken, jedenfalls reagieren. Diese Sündentheorie, das Rückgrat christlichen und abendländischen Denkens, ein Produkt von Schlamperei und Korruption, das kann doch nicht so hingenommen werden! Aber mir sind keine Debatten darüber bekannt geworden, auch nicht in der publizistischen Öffentlichkeit. Ich machte mir damals ein paar Notizen, die Entdeckung blieb im Hinterkopf.

Erst als ich von 2001 an etwa zwölf Jahre in Rom lebte, habe ich mich wieder mehr auf die kirchliche Welt eingelassen. An jeder Straßenecke ein neues Detail aus der Geschichte, da will man ja kein Depp bleiben, aber Reiseführer informierten meistens nur oberflächlich, also mussten Fachbücher her, und selbst Karlheinz Deschners stilistisch problematische «Kriminalgeschichte des Christentums» erwies sich, auch wenn man manche der dort ausgebreiteten Fakten gegenchecken musste, als höchst ergiebige ergänzende Stadt- und Kirchengeschichtsaufklärung. Wer durch Rom läuft und an der Porta Pia oder Porta del Popolo nicht seinen Verstand abgibt, der muss zum Protestanten werden, habe ich gern behauptet. Auch in mir wurde der innere Protestant wieder wach und aktiv. Ein besonders kritisches Auge zielte auf die Schauplätze, die mit Augustinus und dem Erbsünden-Coup zu tun hatten.

In der Erzählung «Bildnis der Mutter als junge Frau» (2006) konnte ich das nach und nach gewachsene Rom- und Kirchengeschichtswissen nicht unterbringen, der Witz besteht ja gerade in der Unwissenheit, mit der die Einundzwanzigjährige durch die ihr so fremde Stadt läuft. Anders in dem zweiten, dem Gegenwarts-Rombuch «Die linke Hand des Papstes» (2013), da durfte der Fremdenführer-Archäologe einiges von dem auspacken, was sein Autor wusste. Ohne dass ich das beim Beginn des Schreibens geplant hatte, schälte sich aus der Hand des Papstes die Frage nach einer Ohrfeige gegen Berlusconi während dessen Gipfeltreffen mit Gaddafi inklusive nordafrikanischer Hengste.

Und daraus schälte sich wiederum die Geschichte des Erbsünden-Betrugs von Augustinus mit nordafrikanischen Hengsten.

Dies durch Pagels bekannt gewordene Detail aus der Kirchengeschichte hatte ich inzwischen auch anderswo gefunden, und der Augustinus-Spezialist Kurt Flasch hat es bestätigt. Es wunderte mich nicht, dass ich nach der Veröffentlichung an die hundert Briefe und Mails mit der Frage nach den Quellen zu beantworten hatte. Die Rezensenten aber hielten sich an diesem Punkt auffällig zurück, den meisten gefiel das realitätsnahe Rombild ohnehin nicht. Einer meinte sogar, die Sache mit den Zuchthengsten stehe ja nicht im Internet, also müsse sie erfunden sein. Die Erbsünden-Story, die sehr viele Leser bewegt und bestürzt hatte, schien, wieder einmal, keiner größeren Debatte wert.

Als im Frühjahr 2016 die Anfrage des NDR kam, ob ich einen Radioessay über Luther schreiben wolle, hätte ich fast abgesagt. Im letzten Moment fiel mir ein: die Erbsünde! Luther war doch auch ein Hardliner der Erbsünde! Ein Ultra-Augustiner! Sünden, Erlösungs- und Heilsversprechen, ein hochaktuelles politisches Thema! Also setzte ich mich hin, recherchierte ein wenig, und es entstanden nacheinander der Radioessay, ein Zeitungsbeitrag (FAZ, 29.10.2016) und, weil es immer noch ergiebige Nebenaspekte gab, dieser schmale Band.

Ich gestehe, dass ich an dieser Arbeit ein geradezu protestantisches Vergnügen hatte. In der Kindheit tief geprägt von christlichen Bildern, Geschichten und Geboten, in der Pubertät erzogen zum lutherschen Katechismus, in der Jugend gequält vom Glauben-Sollen, war endlich einmal eine ketzerische Gegenrede fällig, wenigstens in einem Detail, an dem ich mich schon als Knabe und nach der Lektüre 1991 festgebissen hatte. Bei aller Distanz zur christlichen Erziehung weiß ich inzwischen, was ich ihr an Bildung, Sprachkraft, Empathiekultur usw. verdanke – und an der Fähigkeit, ein großes Nein ordentlich zu begründen. «Wofür wir Worte haben, darüber sind wir schon hinaus», meinte Nietzsche. Natürlich schlingere ich als Laie um viele Bildungslücken herum, kann der höheren Mathematik der Theologie nicht folgen und spreche in vielem sehr grob, aber Grobheit gehört zum theologischen oder antitheologischen Geschäft. Immerhin hat das Staunen, das forschende Nachdenken über die achtzig Zuchthengste geholfen, meine

Gedanken zur Religion zu ordnen. Jetzt weiß ich besser, warum es mich beglückt, wie nebenbei auf Formulierungen wie «Paradies des Nichtglaubens» zu kommen und auf den erhellenden Lichtenberg-Satz zu stoßen, der diese Streitschrift beschließt.

F. C. D.

Literatur

Peter Brown, Augustine of Hippo. A Biography. Berkeley 1967

Emmanuel Carrère, Das Reich Gottes. Berlin 2016

Kurt Flasch, Augustin. Einführung in sein Denken. Stuttgart 2003

Kurt Flasch, Warum ich kein Christ bin. München 2013

Ricarda Huch, Luther. Köln 1983

Georg Christoph Lichtenberg's vermischte Schriften. Erster Band. Göttingen 1800

Elaine Pagels, Adam, Eva und die Schlange. Die Theologie der Sünde. Reinbek 1991

Lyndal Roper, Luther. Der Mensch Martin Luther. Frankfurt 2016

Willi Winkler, Luther. Ein deutscher Rebell. Berlin 2016

Einige Formulierungen, Augustinus' Schmiergeld-Hengste betreffend, wurden der Erzählung «Die linke Hand des Papstes» (2014) entnommen.

Über den Autor

Friedrich Christian Delius, geboren 1943 in Rom, in Hessen aufgewachsen, lebt seit 1963 in Berlin. Seine Werkausgabe im Rowohlt Taschenbuch Verlag umfasst bislang achtzehn Bände. Friedrich Christian Delius wurde unter anderem mit dem Fontane-Preis, dem Joseph-Breitbach-Preis und 2011 mit dem Georg-Büchner-Preis geehrt.
www.fcdelius.de

Friedrich Christian Delius:
Werkausgabe in Einzelbänden bei rororo

Bildnis der Mutter als junge Frau. *Erzählung*
Der Sonntag, an dem ich Weltmeister wurde. *Erzählung*
Amerikahaus und der Tanz um die Frauen. *Erzählung*
Als die Bücher noch geholfen haben. *Biografische Skizzen*

Mein Jahr als Mörder. *Roman*
Ein Held der inneren Sicherheit. *Roman*
Mogadischu Fensterplatz. *Roman*
Himmelfahrt eines Staatsfeindes. *Roman*
Adenauerplatz. *Roman*

Der Spaziergang von Rostock nach Syrakus. *Erzählung*
Die Birnen von Ribbeck. *Erzählung*
Die Flatterzunge. *Erzählung*
Die Frau, für die ich den Computer erfand. *Roman*
Der Königsmacher. *Roman*
Die linke Hand des Papstes. *Erzählung*

Wir Unternehmer / Unsere Siemens-Welt / Einige Argumente zur Verteidigung der Gemüseesser. *Satiren*
Die Minute mit Paul McCartney. *Memo-Arien*
Unsichtbare Blitze. *Ausgewählte Gedichte*